KB208604

오늘 하루도 수고했어

하나님, 예수님, 성령님과의 동행

하나님이 주신 시들

오늘 하루도 수고했어

──────── 하나님, 예수님, 성령님과의 동행 ────────

윤사랑 기독교시

시인의 말

먼저 이 글을 쓰게 해주신 하나님께 감사와 영광을 올려 드립니다.

꽃피는 봄부터 눈 내리는 겨울까지 인생의 사계절을 보내며 하나님의 평강 가운데 글을 쓰게 되어 매우 기쁩니다.

시가 탄생하기까지 많은 일들이 있었지만 하나님의 은혜가 없었다면 저는 이 시들을 결코 써내려가지 못했을 것입니다.

하나님께서 저를 도구로 사용하여 주신 것에 감사를 드리며 이 시를 읽고 많은 사람들이 전도되는 놀라운 역사가 있기를 바랍니다. 진심으로 독자 여러분께 이 시가 예수님의 사랑과 은혜를 느끼는 시간이 되기를 바랍니다.

하나님의 은혜와 풍성한 하나님의 사랑을 느끼며 살아가는 성도들이 되기를 축복합니다.

이 책을 읽고 하나님께 꼭 영광 올려주세요.

2019. 10. 18.
서지윤, 필명 윤사랑 올림

차례

오늘 하루도 수고했어

회개의 부르심

내 영이 잠들어 있을 때
교회가 잠들어 있을 때
나는 몰랐네.
그분의 애통함의 눈물을

한나라 한민족
주님을 향한 사람들의 마음

한 민족 한 마음 된 교회
거룩한 교회는 어디 있는가?

교회여 일어나 걸으라
죽음과 영생 사랑과 평화
진실을 외면하지 말자

주님만이 영광받으실 이
거룩한 곳
주님을 향한 사람들의 마음
한나라 한민족

회개함으로 돌아와
다시 주님께로 돌아와
거룩한 곳으로 걸어가자
내 고향 천국으로.

하나님의 사랑 안에 거하면

사랑의 하나님 하나님의 사랑이 큽니다
내가 눈을 들어 이 산과 저 산을 보아도
주의 사랑이 너무 크고 커서

내 마음이 주님께로 향하니
이 모든 사랑이 주님께 속하였나이다

하나님의 크신 사랑을 찬양하오니
내 마음과 나의 사랑을 받아주소서

이제 내가 주님께로 가오니
주께서 나의 전부를 받으시고

나를 정결케 하소서

한 송이의 꽃

많은 풀 속에 핀
한 송이의 꽃

가시가 있어도
벌레가 많아도
사람들에게 짓밟혀도

이름없는 그 한 송이의 꽃

사람들 눈에는
아무 쓸모도 없어 보이지만
그분 앞에 가면
아름다운 꽃이 되리

돌아온 탕자

멀고 먼 길을 돌아 나 돌아왔죠
주님 곁으로 돌아왔죠

깊고 깊은 주님의 뜻을 알지 못하고
주님을 생각을 알지 못해

이리저리 헤매인 어린 양

목자이신 주님께서는 나를 부르셨네
많은 세월이 가는데도
인내하며 기다리신 내 주님이
나를 찾으셨죠

눈물로 인내하며 내가
돌아올 때까지 기다리신 주님을
나는 외면했죠

이제는 알 것 같아요
내가 왜 이토록 많은 고생을 했는지
깨닫게 하셨죠

하나님의 그 계획 속에 나는 있었고
하나님의 사랑 안에서 거하게 하시려고
나는 탕자로 다시 부르심을 받고
돌아오게 된 거죠

이제 내가 참되신 아버지께로 갑니다
다시 아버지의 품으로

사랑의 손길이 날 따스하게 해

나의 영이 말씀과 기도로
주님을 생각하며
하루를 살아갈 때
주님을 뵈오니

영광의 손으로 나를 만지사
이제껏 참아왔던 주님의 눈물에
나 주님의 눈물에 감사하며
눈물을 흘리네

백합화

들꽃에 핀 백합화
너는 나의 사랑이로다

아름다운 한 떨기의 뿌리나무보다
강하며 이슬보다 순수한
너는 나의 사랑이라

이제 내가 너희와 함께하노니
나와의 사랑에 언약의 약속을 하자

너에게 나의 언약의 반지를 주노니
샘물보다 더 순수한 반지이노라.

울부짖음

하나님을 찬송하리로다

내 영이 하나님을 송축하며
여호와의 영광을 높여드리길 원하네

나는 마음이 참으로 가난하니
내 영이 내 더러움을 울부짖음이여

그 소리가 하나님께로 향하는구나

그 소리가 클수록
하나님께 대한 미안함과
사랑은 커져만 가는데
이 은혜를 갚으려면 어찌할꼬

새롭게 태어나 나 주께 찬양해

세상 어떤 것보다
나는 귀한 주님을 사랑해요
그 귀하고 참되신 주님을 찬양할래요

사랑합니다 사랑합니다
찬양합니다 찬양합니다

하나님께 영광돌려 즐거이 노래부르자
하나님께 영광돌려 내 영혼 춤추자

튼튼한 나무

나무야 나무야
예쁜 나무야
튼튼히 자라다오

튼튼히 자라서
견고히 되자

예쁘게 자라서
주님께 쓰임받자

착하게 착하게
무럭무럭 자라렴

나무야 너는 정말 큰 나무가 될 거야

사랑되신 주님을 따라가요

사랑되신 주님
내가 주님을 사랑해요

주님께서 내게 행하신 모든 일
아름답고 놀라운 계획 속에
나는 주님을 따라가죠

사랑되신 주님 내가 주님을 사랑해요
언제나 어디서나 주님의 십자가를
따라갑니다

주님이 말씀하신 양식을 먹고
주님이 사랑해주시는 그 마음을 담아
나 이제 사랑되신 주님을 찬양해요

사랑이신 하나님께 경배로
나는 주님을 따라가요

언젠가 먼 미래에 살 곳
그곳을 바라보며
나 주님을 따라갑니다

내 모습 날마다 새롭게

내 옛사람 모습을 던져버리고
내 모습 날마다 새롭게 해
정결함으로 주님께 노래하네

내가 내 모습이 새로워질수록
성령님께서 나를 만지네

하나님의 능하신 품안에서 겸손하여라
내 모습 날마다 새롭게 해
순결함으로 주님께 노래하네

내가 내 모습이 달라질수록
내 영혼 기뻐 노래하네

주님의 성전이 곧 내 몸이니
늘 정결히 나아가
의의길로 걸어가네

내 모습 날마다 새롭게 해
성령님께서 늘 나의 마음을 치유하시고
내 모습 날마다 새롭게 해

성령님

이 세상 살아갈 때
늘 힘든 삶일 뿐이었는데

어느 날 만나게 되었다
예수님을

그분이 나에게 늘 말씀하신다
내가 너를 사랑한다고

이 세상 무엇보다도
너와 함께한다고

따스한 예수님이시다
알면 알수록 진리의 영이시고
사랑의 하나님이시다

우리에게 성령님도 보내주셨다
가장 귀한 선물을

늘 하나님 예수님 성령님 안에
내가 행복할 수 있도록
하나님 사랑 안에 거할 수 있도록

주님의 날개

주님의 날개 아래 내가 숨쉬고
춤추고 뛰며 노래할 때

주님의 날개 아래 내 가슴깊이
스며드는 이 사랑이
주님의 날개 아래
주님의 날개 아래
내 마음 한구석을 스치네

깊고 깊은 사랑의 노래가 흘러 퍼지면
주님의 날개아래 춤추고 뛰고 놀며
웃는 내 자신을 볼 때

나 주님의 날개 아래 안전히
자유하게 뛰며 춤추네
주님의 날개 아래에서

주의 은혜 따스해

주께 드리네
이제 주님께 나와 찬양과
경배를 드리리

깊고 깊은 주의 은혜
놀랍고 위대해
바다 같은 주의 은혜
놀랍고 따스해

사랑이 많으신 주
주의 은혜
곧 빗물처럼 쏟아지리라

내 모든 것 드리니
주께서 내게
은혜를 베푸시니

바다 같은 주의 은혜
따스하고 사랑스러워

주님의 손길

이전 내 삶에 주님을 몰랐을때
나를 이끌어 주시고 손내밀어
주시는 분 있네
힘든 일 시련 가운데에도
늘 나를 생각해주시는 분 있네
나 온전히 그분의 품에 안기네
사랑의 주님 내 온전한 사랑 다해 주 찬양해
내 온전한 소망 다해 주께 기도해
사랑의 주님 내 마음 다해 주께 예배해
주의 사랑 놀라운 그 사랑
내 마음 주님께 드리네

꽃 한 송이

나는 주님의 사랑을 받고 크는 꽃이죠
나는 주님의 향기를 나타내는 예쁜 꽃이에요
주님 사랑에 늘 감사를 담는 그런 꽃이 되고 싶어요
이리봐도 저리봐도 난 난 참 예쁘죠
주님의 사랑을 받고 크는 꽃이니까요
지금 당신은 현재를 보고 실망하고 계신가요?
과거의 상처에 아픔을 가지고 있어 힘이 드나요?
괴로워하지 마세요
지금 현재를 보고 미래를 만들어가는
주님이 일하시니 걱정마세요
당신의 인생을 당신이 계획할지라도
인도하시는 분은 바로 주님이니까요
주님에게는 우리가 한 명 한 명 빛나는
우주에서 단 하나뿐인 존재인 꽃이니까
실수해도 괜찮아요
화이팅!

마지막때의 자유

여호와여 이제 내 울음소리를 들어주소서
참으로 세상이 범죄하고 기근과 지진이 심하나이다
여호와여 의로운 손으로 나를 붙드시고
이 마지막때를 위해 쓰임 받게 하소서
주의 일을 할지라도 자유와 사랑 소망
믿음을 보고 앞으로 전진하게 하소서
성령 하나님의 치유하심으로
온 열방이 하나로 되나이다
온 열방이 하나가 되어 이 땅에
자유가 가득 넘치기를 소망하나이다.

기쁨과 감사로 주님 찬양해요

기쁨으로 주님 찬양해요
감사함으로 주님 경배해요
이전 것은 지나갔으니

나 새로운 마음으로 주님께로 갑니다
오직 주님의 사랑만이 나를 채웁니다

주님의 은혜가 크고 커서
새로운 삶을 시작하게 합니다

이제 마음이 청결하여
나 하나님을 뵈오니

기쁨으로 나를 받아주소서

자유

나 이제 자유하리라
주님 안에서
자유 해

지난 헛된 세월 다 버리고
주님께 나아가리라

나의 손과 발은
주님을 위한 것
나 이제 자유하리라
주님 안에서 자유해

오 사랑의 하나님

힘들고 지쳐 내 영혼 괴로워
힘이 나지 않을 때
누군가 내 머리를 쓰다듬어주네

힘들고 지쳐 내 영 쓰러져 있을 때
누군가 내 뺨을 만져주시네

누군가 나를 깨워주시는
그분은 주님 주님
주님 주님이죠

오 사랑의 하나님
오 사랑의 주님
나 주님을 사랑해요

주님의 형상을 닮은 우리

내 앞에 보이는
주님의 형상을 닮은 우리
주님을 통해 우리들은
주님을 봅니다

주님의 신부된 우리들
어둠에서 나와 빛된 우리들로
신부단장을 합니다

말로 표현할 수 없는
주님의 사랑이 느껴지지만
형제자매를 통해 더 큰 사랑을 느낍니다

영광 받으실 우리 주
하늘에서 내려오는
신령한 만나들로
우리 영을 채웁니다

신령한 예배로
언젠가 다시 만날
예수께로 갑니다

주님이 아니면

나 이전에 고백할 자신이 없었어요
주님을 따라 자기 십자가를 지는 것이
이렇게 힘이 든다는 걸
나 이렇게 표현 못해도 표현 할 수 있는 것은
주님의 사랑 덕분이죠
주의 사랑으로 내 영을 가득 채웁니다
놀라운 주님의 사랑 때문에
매일 이렇게 숨을 쉬고 삽니다
주님이 아니면 주님이 아니면
내영은 죽은 영혼이나 다름없기에
높고 놀라운 주의 사랑 무엇으로
다 말하고 갚을 수 있을까요
이 땅에 오신 예수 그리스도
자기백성을 구원할 자 예수그리스도
경배합니다 내게 자유주신 예수 그 이름

나의 영을 주께

나의 영을 주께
나의 영을 주께 드려
기쁨으로 예배로 나아가네

주께서 나팔 불때
내 이름도 부를 것을 기대하며
나의 영을 주께 드려
한결같이 예배로 나아가네

삶속에서 내맘 지칠 때에도
믿음으로 믿고 구하는 것은
모두 받을 것임이라.

믿음으로 나아가자
나의 영을 주께 드리므로.

사루비아

이슬에 묻힌 사루비아
사루비아야 사루비아야
어찌 너는 내가 만든 사루비아 중에
어여쁠까

내 마음에 흡족하고 흡족하다
사루비아야
이슬에 묻힌 꽃 사루비아야

네가 가진 모든 꽃잎들이
열매가 되어
세상을 밝혀주기를 바란다

사루비아처럼 이슬처럼
맑고 투명하게 자라주렴
네 꽃잎에 맺힌 이슬이
세상에 나가 물방울이 될 때까지

빛과 어둠

나의 영광 주께 있고
주님은 내 마음을 감찰하시네

나의 영혼의 마음은
어둠과 찬란 가운데

빛으로 인도하네

바람의 물결은 한점 없고
어둠의 마음은 빛으로 사라지니

마치 울림의 소리 같아라

술랍미 여인

내 어여쁜 자요 너는 아름다운 한 여인이라
나의 술랍미 여인보다 아름다우며
너의 머리위에는 아름다운 왕관이 놓여있구나.
내 사랑이 너에게로 향하니
내 마음과 눈은 너를 항상 보고 있어
내 심장은 너에게로 향하는데
언제 어디서나 너를 보고 있음이요
내 사랑이 넘쳐서 어찌할꼬

입맞춤

사랑하는 나의 신랑되신 주님
당신의 옷깃을 잡고 엎드려
십자가의 사랑에 감사히 내 마음을
주께 드립니다.
마음이 뜨거워 사랑을 전하고 싶은데
나의 영혼은 너무 약하고 추하기만 합니다.
신랑되신 나의 주님 주님께 입맞춤으로
십자가의 사랑에 눈물을 흘립니다.
새로운 입맞춤으로 당신께 내 마음을 전하니
나의 마음을 받아주소서

나의 신부에게 사랑을 전하는 메시지

사랑아 사랑아 나의 어여쁜 자야
나의 신부야 너의 머리결은 비단같고
너의 입술은 내 마음에
단비를 채워주고 있구나
너의 사랑은 포도주보다 달콤하고
너의 사랑은 얼마나 달콤한지
나의 마음에 흡족하고 흡족하구나
너의 노력하는 마음과 모습이 얼마나 예쁜지
나는 항상 너를 보고 있단다
사랑아 나의 어여쁜 자야
우리 일어나 함께 가자
너를 내가 결코 버리지 않으며
네가 그 길을 계획할지라도
끝까지네 인생을 인도하리라

세상 끝날 때까지 너를 지키며
보이지 않는 곳처럼 느낄지 모르지만
내가 너와 항상 함께 한단다
사랑아 나의 신부야 내 사랑아
그러니 불안해하지 말고 두려워 말라
놀라지 말라 나는 네 하나님됨이라
이제 내 안에서 함께 하자
너는 나의 것이라
이제 영원한 그곳에서 함께
만찬을 즐기고 기쁨으로 나와 함께 살자
사랑한단다 나의 신부에게

성경의 아름다운 꽃 예수

별에서도 빛나는 나의 별
당신의 사랑에 나는 눈물을 흘립니다

하나님께서 왜 내게 이런 사랑을 주시는지
알 수가 없으나 나 주님의 사랑에 눈물을 흘립니다

장사한지 죽은 자 가운데 살아나
부활의 몸으로 아버지의 품으로 가신 그 주님을

나는 믿습니다
오순절의 다락방에 임하신 것 같이
오 주여! 성령 하나님 내게도 임하소서!

삭개오

나무에 올라간 삭개오야
주님을 보기 위해 나무에 올라간 삭개오야

주님을 만나 얼마나 이렇게 행복하느냐
네 키와 외모를 보지 않는 주님을
사랑할 수 있다는 자격이 있는 건

아름다운 축복인 것을 알았을까

십자가

십자가의 사랑 나의 영혼
그의 사랑에 감사해

그의 피 내 영혼을 덮고
그의 보혈 내 영혼을 숨쉬게 해

나 노래하리라 주의 사랑을
주의 사랑 속에 이제 내 영혼 숨쉬니

안전히 하나님의 사랑 안에 거하며
삼위일체이신 하나님을 섬기리

Heaven

천국은 아름다운 하늘나라
그곳에 집을 지어 내 마음 다해 주께 노래해
천군천사 보내어 주께서 불꽃같은 눈동자로

날 지키시며 날 돌보시니
이보다 더 좋을 수가 있을까
하늘나라 Henven

천국의 문은
좁은 문으로 들어가고 낙타바늘보다
들어가기 어려워

사랑이 넘치는 곳에 하나님께서
빛으로 가득 비추는 Henven

나의 꿈과 소망이 담긴 곳 그곳은 천국
아름다운 하늘나라

새 출발

주께서 우리를 위하여 찢김과 상함을 당하시고
십자가에 돌아가셨네
주님의 눈물에 헛되이 살고 싶지 않은 내 영혼

세상 돈과 명예
나 이 자리에 내려놓으리라

오늘도 다짐해 오늘도 기도해
하루하루 주님을 생각하고 감사할 때
주님이 말씀하셨지!
내가 너를 사랑한다고……
찢김과 상함과 멸시를 당하면서까지
천국으로 인도하기 위해
더 좋은 것을 주기 위해
내가 너를 위해 죽었노라고
과분한 사랑과 감사에
나는 그저 감사할 뿐……
내가 할 수 있는 것은
주를 위해 사는 것일 뿐……

영광으로의 여정

내 갈길 험하고 멀어도
영광으로 가는 그 길
피하지 않으리

주를 위해 사노라면
이 한 생명 다해
주님을 위해 살 것임이라

주님의 영광을 위해 가는 그 길
나의 십자가

빛 가운데 선 우리들

가을 향기 넘치는 이 바람이
내 마음을 스치고 여러 사람들의 희망이
마음을 흔드네

빛 가운데 하나 된 우리들
아픔도 슬픔도 기쁨도 다함께 나누며
즐겁게 살아가자

여러 사람의 손길들을 받으며 자라나고
새 생명을 받은 우리들의 아름다움이

빛과 소금이 되어 세상으로 나아가리라

한번 사는 인생

이 세상 영원하다 생각되지만
한번가면 죽는 인생 아둥바둥 살지 말자

주님과 함께 기도로 해쳐나가고
주와 동행하는 것이 우리의 삶

사랑의 주 하나님께서 내 마음에
내 영혼을 지키시는 목자 되시니

무엇이 부족할까

한 번 사는 인생 멋지게 주께 영광 돌리며
행복하는 것이 유일한 삶

세상은 말한다 행복이 자기 자신을 만드는 거라고
영혼의 양식 은혜로 받아들여
저 천국 새 예루살렘에 들어갈 때까지 힘내며
살아가자
내 고향 천국 그곳에 갈 때까지

겸손과 낮아져야 하는 삶

사람이 유익한 것과 지혜로움의 근본은
겸손이요 존귀의 앞잡이가 되나니

교만을 멀리하고 성령님과 함께 동행하는 삶으로
깊은 교제 속에 성령 충만이 이루어지니

내안의 성령님 근심하게 만드는 일은 하지말지니
그분을 존경하고 따를 때
주께서 나를 높여주시리

내가 낮아질수록 주의 겸손을 닮아갈 때
내 영도 기뻐 춤추리라

내 영혼

이슬같이 단비 속에 자라나는 어린 내 영혼
하나님의 은혜 속에 차근차근 일어나
하나님의 긍휼하심을 입어 나아갈 때

하루하루 달라지는 내 영혼
영혼은 영원히
너무 소중한 값진 은혜
그것은 영원한 삶

눈에 보이지는 않아도
마음속에 천국이 있고
하나님께서 생기를 불어넣어
영혼은 영원히 주와 살게 하셨네

하나님의 사랑

아버지여 아버지의 사랑이
나의 잔이 흘러 넘치나이다
예수를 통해 참 하나님을 아는
영생을 주셨으니 얼마나 아름다운 일인지요

또한 주께서 세상을 이기셨으므로
우리들 또한 세상을 이기었나이다
주께서 진실로 아버지의 사랑 안에 있으니
주를 통해 거룩하신 아버지를 뵈옵나이다

주께서 거룩하시니 우리들도 거룩하게 하소서
아버지의 사랑이 우리들을 온전하게 하며
하나가 되게 하는 은혜를 주셨사오니
주를 세상에 보내심과 같이 세상도
주를 알게 하소서

창세전부터 나를 사랑하심과 같이
여호와 하나님이여 아버지의 뜻을 앎으로
주의 영광을 세상이 보기를 원하옵나이다

용서

깊고 깊은 주의 은혜
노하기를 더디하며
나의 허물을 용서하셨네

주께서 나를 용서하시므로
나또한 나의 형제들을
용서하오니 아버지여
주께서 나를 용서한 것과 같이
나 또한 다른 사람을 용서하게 하소서

주의 성전

여호와여 내가 주의 전에서 기도하오니
나의 소원을 들어주소서
주의 인자하심을 내게도 베푸사
주의 성전에서 나를 거하게 하시며
주의 긍휼이 내게 임하기를 간구하옵나이다
주께서 나를 지으시고 택하였사오니
나를 도우사 주의 도구로 겸손하게 사용하시고
나를 떠나지 아니하시며 주의 의로운 손으로
나를 붙들어 주소서
기쁨으로 여호와의 성전에 나아가오니
온 마음을 다해 주를 찬양하나이다

때로는

때로는 지칠 때도 있겠죠
때로는 힘들 때도 있어요
이 모든 과정과 인생이 허무할 때도 있지요
왜 마음과 육체는 피곤하며 공허할까요
나는 당신을 사랑하지만
당신은 늘 나를 기다려요
해답을 찾지 못했는데
먼저 손잡아 주시는 당신은 누구신지요
세상은 갈수록 험악하고 힘이 드는데
나는 의지할 곳조차 없는 이 마음을 어떡하나요
젊음을 허무하게 보내기에는 아깝고
자유롭지 않으니 어떡하나요
이 답답한 마음을 어떡하나요
하나님이 있다면 그곳에서 나에게 응답하시고
나의 마음의 문을 두드려주세요
두드리라 그러면 열릴 것이니
나의 눈물을 당신께만 드립니다

자연

대지의 자연 속에 나 숲을 걷네
자연의 공기 바람소리 이 모든 것이
아름다운 소리처럼 공중에 내 마음을
채워주니 마음이 흡족하네

꽃과 식물 아름다운 꽃잎 속에
내 마음이 흘러넘치면
자연 속에 모든 상처가 치유되네

자연의 힘은 나를 성장시키고
추억을 나누는 형제처럼
나를 변화시키고 지키니
많은 사람들과 교제하며
나의 유익함을 더 즐겁게 하네

지구

우주 속에 반짝이는 여러 개의 행성들
그중 가장 빛나는 행성
아름다운 지구
물과 바다 산 공기 우리가 필요한 것들을
다 주는 아름다운 지구

많은 행성들 중 아름다운 지구 속 나는
하나님이 만드신 귀한 창조물

세상에서 단 하나뿐인 존재 그 존재가
숨을 쉬고 살아간다

아름다운 아버지의 영광 내게 임할 때

아름다운 바다 빛깔처럼
아버지의 영광 내게 임할 때
선연한 빛깔

아버지께서 나를 사랑하심과 같이
주께서도 나를 사랑하심과 같이

아름다운 바다 빛깔처럼
아버지의 영광 내게 임할 때
눈물이 내 영을 적시고
아버지의 은혜 내게 임하네

헛된 것이 헛되다

헛되고 헛된 것
자신의 욕심과 탐심으로 인해
내 사랑과 감사는 무너져간다.

헛되고 헛된 것이 과연 무엇일까
나의 열정은 식어가고
나의 갈망은 깊어져가는 것을

내 욕심과 탐심으로 내 사랑과 감사는
무뎌져 가는 것을 알아버린 가운데

한 가지 사실을 찾았다.

어두운 이 시대 가운데
감사와 평안과 희락 등
주님이 주시는 것은
한없이 값진 것임을 알아버렸다.

신령한 은사

하늘로부터 내려온
신령한 은사

그들이 기도로 간구하였더니
주께서 신령한 은사를
천사를 통해 내려보내 주셨네

신령한 은사를 사모하라
기도로 은사를 통해
견고해지자

하나님의 은사와 부르심에는
후회가 없나니.
각자의 믿음과 분량대로
주시는 영적 은사를 사모하자.

고백

아름다운 바이올린 선율처럼
아련한 한 컷의 감성처럼
나 고백하죠
주님의 사랑을 고백하죠

내 삶과 동행하시는 하나님께
고백하죠

나를 응원하시는 주님
나를 영원한 생명 가운데로
부르시는 주님께
고백하죠

한 컷의 젖어오는 이 물결처럼
한 컷의 강렬한 이 열정을 주께
고백합니다.
나의 고백을 받아주소서
바이올린처럼 울리는 나의 고백을

순정

지난밤 내 영에 꽃비 내려
그 물은 단비 같고
그 물은 짙어져,

지난밤 내 마음에 순정이 피었고
그 순정으로 인해
내 삶이 변화되네

아 순정이여!

갈망함과 순정사이
순정과 갈망함 사이
내 영혼은 곤고한 자로다

아 순정이여!

하루의 기도

이제 내가 보았죠
주님의 눈물을

그동안 어떻게 그렇게
나를 위해 기도하셨는지…

성령님 감사합니다!

그 주님의 눈물을
다시 닦아 드릴 수 있다면

영혼의 심포니처럼
아름다운 선율을 연주하겠습니다.
AMEN

주의 임재

사랑과 화평이
있는 곳에

주의 임재가
주의 임재가 있는 곳에
영광의 길 보이리

모든 악은 떠나가며
내 영은 맑아지고
한송이의 아카시아로

거룩한 백성이 되어
주의 임재 속에 빛나는
거룩한 군사가 되리.

숨과 기도의 호흡

기도의 호흡은 생명같고
생명은 호흡이니

만물이 숨을 쉬며 살 때
주를 찬양할지라

숨과 호흡 생명
모든 것은 주안에

주께서 내게 호흡을 주셨으므로
나의 살아있는 동안
주를 찬양하고
기뻐 춤추리

목숨과도 같은 생명

사람들은 말했다
저분이 예수그리스도라고
사람들은 이렇게 질문을 하였다
예수그리스도를 위해 생명바쳐
사랑할 수 있느냐고
사람들은 하나씩 복음을 전하며
자신의 생명을 기꺼이 주님께
내어드렸다
사람들은 느끼기 시작했다
생명 다해 사랑할 만큼
주님이 주신 사랑은 무엇일까
사람들은 보았다.
사도바울처럼 주님을 보기 시작했다.
눈에 덮인 비늘은 벗겨지고
사람들은 복음을 전한 사람들을 통해
주님을 보기 시작했다.
사람들은 회개했다.
주님 앞에 자신의 죄를 회개하였다.

선교사의 희생

이 땅에 뿌려진 많은 사람들의 피
피값을 치른 수많은 선교사와
복음을 위해 헌신한 많은 사람들

그 피가 우리 속에도 흐름을 알지 못하는가

복음을 위해 뿌려지는 피값이라면
아깝지 않은 생명과도 같은 목숨

예수그리스도의 피가 우리 안에
생명으로 자리잡고 있듯

우리도 한 나라의 복음전도자로
서야 할 것임을
이 자리에 잠잠히 서서
선교사들의 그 희생을 바라본다.

찬란한 빛

내 마음 어두운 곳
전에는 하나님을 알지 못했네

찬란한 빛
의로운 빛

그 빛이 내 마음을 비추면
내 영은 숨 쉬는 산 소망 되리라

찬란한 빛

내 마음 어두운 곳
전에는 하나님을 알지 못하였으나

그의 계명이 내 마음을 비추면
나 주의 기뻐하는 일을 행하네.

화목제물

의로운 내주님이여
주님은 온 세상의 화목제물이시나이다

진리와 빛이 나의 안에 있다 하면서,
내가 형제를 사랑하지 못함은
어둠에 있었사오니

주의 능하신 팔로 나를 붙드사
하나님과 다시 교제하게 하소서

대제사장이신 예수여
주께서 약속하신 그 영원한 생명을
나에게도 주시고
주의 안에 거하여

우리가 하나님의 앞에
부끄러움을 당하지 않게
하소서

의탁

주님
의탁합니다.
이전과의 다른 진실함으로
내 영혼을
의탁합니다

내게 있는 그 사슬과 죄악을
끊어주시고, 긍휼함으로
내게 있는 모든 것을 가져가시고

나를 보호해주소서
긍휼을 베푸시옵소서

내게 인생의 과정을 주사
내가 주가 주신 인생의 과정을

충분히 따를 수 있도록 의탁합니다.

내가 의탁한 것
내가 의탁한 것
주님의 것입니다.
내 영혼을 주의 손에 의탁합니다.

주의 의로움

여호와여 주의 의로움이 땅과 하늘
이 지구의 모든 곳에 닿아 있나이다.

주께서 죄의 길에서
나를 건지신 것은 나를 온전하게 하시니

내가 주의 의로움으로 살고 복을 받나이다.
나를 환란 가운데서 건지심은
주의 의가 이 모든 곳에 닿으니

주변 모든 이가 주의 의로움으로
살고 사나이다.

야훼의 하나님 창세 전부터 나를 택하심과 같이
영원까지 내가 주를 섬기나이다.

영 혼 육

마음이 닿는 곳에 몸도 있고
몸이 닿는 곳에 마음이 있네

서로의 연결고리가 닿아서
하나가 되네

영 혼 육
육체는 잠시 잠을 자지만
혼과 영은 영원히 살리라.

찬란한 빛

이 땅 위에 오셨네
찬란한 주의 빛

내 마음 속에 오셨네
영광의 빛

우리 가운데 오셨네
모든 교회 가운데

내 삶에 오셨네
따스한 주의 품

영광의 길

사랑이 사랑을 부르네
주의 음성 사랑을 통해
말씀하시고 영광의 길 보아라

부으소서 영광의 길
치유하소서 그 영광의 길

사랑이 사랑을 부르네
사랑하는 자에게 담비같이 내리는
그 영광의 길

이제는 웃으리 내 주를 향한 영광의 길

하나님의 날

너희는 온전히
하나님의 날에
어떤 일이 있을지 간절히
기도하라

간절히 사모하며
하나님의 날이 임하기를
기대하라

하나님은 빛이시니
어둠이 조금도 없는 것 같이

해가 비추는 큰 해처럼
너희의 몸과 영을 주의 보혈로 씻을지라

이제는 너희가 거룩하니

영광의 광채이신 하나님을 바라보며
하나님의 날을 기다리자.

돋보기

주는 마음을 보시는 분
주의 돋보기가 움직이면
한 사람 한 사람의 행함이 보이네

마음의 행함은 믿음의 본보기가 되니
어찌 망설이리요

이제는 우리가 믿음의 분량대로
살아가게 될지니

주께서도 돋보기로 우리의 달란트를
측량하실 것이니라.

매화

살아가는 동안 지금 이 순간이
열정의 매화로 피어나는 아름다운 꽃이 되네

나는 주의 꽃이 되기를 소망하네

주의 장밋빛 꽃으로 태어나는
희망찬 꽃이 되기를 소망하네

이전에는 세상에 시든 만인의 꽃이었지만

다시 새롭게 태어나
나의 소망과 생명을 담은 열정의 매화로
주의 정원에 피어나는 한 송이의 매화가 되기를

아름다운 꽃이 되기를 소망하네.

아버지의 눈물

아버지의 눈물이 이 땅에 보슬비처럼
내릴 때 흘러넘치는 주님의 눈물

우리를 위한 그 눈물이 흘러내릴 때
나의 손끝에 닿으면
주님이 생각나 같이 눈물을 흘리게 되지

아버지의 눈물이 이 땅에 내릴 때면
주님도 같이 애통해하며 우리를 위해
기도하지

나의 손끝에 주님의 눈물이 닿을 때면
하늘을 쳐다본다
하늘에 내리는 그 비를 볼 때
아버지의 마음을 조금은 알 수 있을까

은밀한 처소

은밀한 곳
기도의 방
나 그 손 아래 기도하네

기도의 문이 열리는 순간
나의 영도 씻김을 받고
열 손가락 모두 하나 되어
나 기도하네

은밀한 곳 기도의 방
나 그의 마음으로 들어가 기도하네
화답하듯 새의 노래는 끊이질 않고
숨죽여 우는 그 새는 마음이 하나되어
기도하네

노래하는 소리 사랑이 싹트는 그 소리
나의 나된 고백 바로 당신입니다.

임재와 불길

성령의 불길이 부어지면
성령의 임재가 오네

그 임재의 바람이 부어질 때
나라를 위해 애통해하네

하나님의 아들 예수의 피가
내 마음에 부어질 때
임재가 임하면

하늘의 문이 열리고
새 생명이 내게 임하네

우리들의 모임

성령의 불길이여
불어라 강하게
임재로 임하여라

우리들의 목소리를 들으시는
성령님께서 임재로 임하시는도다

바람이 솟구치는 그 속에서도 성령이
일하시니 나는 헤매이지 않는 양이여라

찬양하리 경배하리
우리들의 거룩한 모임이
임한 곳에 성령이 임하시리라

십자가에 태어난 새로운 나

나의 삶에서 과거는 지워져
외로웠던 나의 흔적은 예수안에 지워져
모든 삶은 예수로 채워지고

과거의 나는 십자가에 못박고
새로운 피조물이 되었네

십자가에 태어난 새로운 나
온전히 변해가는 나를 볼 때
주안에서 크게 기뻐하는 나를 느끼네

피흘리기까지 사랑하신 그 주님
아버지께 온전히 사랑할 수 있다는 고백이
흘러가기를.

과거의 흔적은 지워져 십자가의 보혈 속에
나는 새로운 피조물이 되었네

이슬과 꽃

그 어떤 꽃보다 너는 아름다워
흔들리는 꽃에도 너는 곱다

하나의 이슬이 떨어질 때 너의 눈물처럼
하늘에도 너의 눈물이 전해지리

오직 주의 사랑으로 커가는 너는 아름다워

아람다워라 사랑의 꽃
내 마음에도 눈물의 이슬이 전해지네

산다는 건

산다는 건 호흡으로 공기를 마시듯
자연의 섭리 속에 내가 살아가는 것

산다는 건 누구를 섬겨야 하는지
내가 어떤 사람인지 아는 것

산다는 건 병든 고통이 있을 때에도
삶을 살아가는 희망의 끈을 놓지 않는 것

산다는 건 마지막의 순간에도
내 마음을 다해 주님을 의지하는 것

산다는 것은 하나님이 주신 소중한 삶이다

당신은 신을 믿나요?

우리에게는 별과 같이 무수히 많은 신들이 존재해요
세상에는 신들이 수없이 많아서 셀 수가 없어요
당신은 현재 어떤 신을 믿고 섬기나요?
세상에는 수많은 신들이 있죠.
왜 우리는 그렇게 신에게 절하고 가정이 잘되라고
기도하고 절하는 걸까요?
나의 행복을 위해 신을 믿나요?
있잖아요…
신은 많이 존재하지만 우리는 누군가를 항상 갈망해요.
나의 존재를 신으로부터 찾고 있으시니 나를 사랑해주길
원하죠.
당신은 신을 믿나요?
그럼 한 가지만 물어볼게요.
당신의 신은 모든 죄를 사해줄 수 있는 능력이 있나요?
당신이 믿는 신은…
목숨을 바쳐 당신을 사랑해주나요?

있잖아요… 수많은 신들 중 난 오늘 여러분께 소개해주고 싶은 신이 있답니다

오늘 여기에 당신의 목숨을 바쳐 사랑해주고 당신의 죄를 사해주신 분이 있대요

그분은 당신을 위해 목숨을 내어주시고 당신의 모든 죄를 대신 짊어지고

십자가에 달려 죽으신 분이에요. 들어보셨나요?

나는 예수님이라는 신을 믿는답니다.

당신은 신을 믿나요?

신을 믿는다면 참된 신을 찾길 바래요.

thank you

빛나는 별

맑고 빛나는 별
그 별이 내 안에 있다

우리 모두는 하나의 별을 가졌다

영적인 존재로
하나님께 지음받았다

하나의 별 영적인 존재로 이것을 비유하듯
그만큼 우리의 존재는 반짝이고 아름답다는 뜻이다

우리가 한가지의 선한 일을 할 때에
내 안의 별은 더 영광스럽게 반짝일 것이다.

내 안의 참된 가치를 바라고
반짝이는 영적존재가 되어보자

당신이 만일 반짝이는 별을 가졌지만
빛나지 못한다면, 하나의 슬픔으로 남아있지 않을까?

우리는 모두 힘써야 한다

그러기 위해서는 주님의 그 성경을 바라보며 나도
반짝일 수 있는 영적 존재로 힘써야 함을
잊지 말아야 할 것이다.

나를 부르심

그거 아니?
나의 DNA는 유전적으로
나 자신을 중심으로 살아가게 되어 있어
하나님은 나를 부르시고 인내하시는데
나는 나의 DNA만 의지하고 있었던 거야.
나는 늘 방황하며
하나님의 뜻대로 살지 못하고
옷을 찢지 못했지.
나는 믿지 못했어.
내 자신을 잘 보아야 하나님이 나를 부르신 이유에
대해서도 잘 알 수 있다는 것을 말이야.
하나님은 아셨나봐
내가 십자가를 붙들 때만이
모든 것이 해결된다는 걸 말이야
비로소 모든 것을 깨달은 후에야 알겠더라
나를 향한 부르심
하나님의 사랑을

움직이는 비눗방울

다시 듣고 싶은 음성이 들릴 때

영의 기도는 흐르는 샘물과 같아서
호흡으로 느끼는 것과 다른 또 하나의 시작

마치 미묘한 공기와 호흡과 같은 그런 것

뜨거운 영의 기도는 움직이는 비눗방울
맑고 깨끗한 영의 기도

그 사랑 속에 영의 기도는 전율 속에
임하고 기도의 중보자가 되네.

향기가 불어올 때

진리의 손길이 퍼지지 않은 곳에
성령의 바람이 임재한다

성령의 바람이 대 부흥을
곧 한 사람의 십자가를 세운다.

향기를 나타내는 사람 곧 그들의 향기

성령의 은은한 향기가 불어올 때
사람들은 느낀다

우리의 참 모습을 보며 사람들은
예수그리스도의 향기를 느낀다

진리 속에 자유한 성령의 향기를
느낀다.

주님이 주시는 은혜는

성령의 교제
주님이 주시는 은혜

갈망함보다 더 느껴지는 주님의 사랑
온전히 그분의 사랑을 느끼는 시간이다.

온전히……

일상에서 늘 느꼈던 고독과 외로움은
한방에 그분의 십자가를 통해 해방됨을
나는 느꼈다.

성령의 교제 속에 이루어지는 그 사랑은
아직은 다 알 수 없으나 나의 힘이 아닌
나의 영속에 부어지는 주님의 사랑이 있기 때문에
나는 오늘도 힘을 낼 수 있는 것이다.

화평하는 자의 복

마음을 주관하시는 이가 하나님이네
그의 합당한 마음에 들어가
화평을 누리세

우리의 생각과 마음을 아시는 이
온전히 그의 화평에 참여할지라

마음을 아시는 이가 하나님이시니
서로 화평 가운데 거하는 자

하나님을 만나고 하나님을 찾겠네

한편의 아름다운 나의 영

모든 영들이 주께 있고
주께서 다스리네
영혼의 맑음은 샘물이로다

모든 영들아 주를 찬양하라

하늘의 우편에서 중보하시는
주님이 이 나라의 왕이라
"아름다움은 영에서부터 난다"

사랑하는 자들아
내가 너희와 함께한다
주님이 말씀하시네.

이제 그가 하늘에서 내려오니
주를 찬양하라
신부된 10처녀 같이 그를 맞이하라

사람들은 모르오

세상에는 각기 다른 사람들이
태어나지만 주님의 형상을 닮아
태어나지만…
자신이 누구인지 나는 누구를 섬겨야 하는지를
사람들은 모르오

그 사람들이 하나님의 백성이
모두 될 수 있다면 얼마나 좋을까…
아버지의 눈물이 세상에 흘러가
모든 사람이 예수님을 믿어
구원받는 다면 얼마나 좋을까
사람들은 모르오

하나님께서 이스라엘을 구해주신 것과
지금도 우리를 먹이고 계시다는 것을
사람들은 모르오……

그저 자신의 삶에 바빠 하나님을 모르고
돈과 명예를 쫓아가려는 우리를
하나님이 눈물로 인내하며
기다리시는 것을 사람들은 모르오

'인생의 주인공은 나야' 라고 생각하지만
그 분의 깊은 뜻을 알면 달라지는 것을 사람들은 모르오

그러나 이제는 알아주시오
하나님 예수님 성령님이 당신을 만드신 사실과
주님을 믿어야지만 천국에 갈 수 있다는 사실을…
천국은 정말 들어가기 좁다는 사실을 사람들은 모르오…

여호와의 군대의 행진

전쟁을 이기시는 여호와께서
두 팔을 들고 있을 때

그의 모든 군대가 동원하여

나의 전쟁 길에 승리자가
되게 하시는 도다

올무에 갇힌 자여
이제 네가 자유로운 영이 됨을
잊지 말도다

그의 군대가 단 한번의
승리로 너를 올무에서
이끌어 승리자가 되게 하리니

곧 감사하라
그의 늠름한 기상의 말을 타고
그가 곧 임하리니
여호와의 승리를 바라보자

눈망울

너의 순수한 눈에 비친
눈망울아

주께서 우리에게 빛의 옷을
입히실 때 주의 눈을
바라보았느냐

그 눈의 빛들은
가녀린 여인의 여린 눈동자이고
은빛 목걸이의 향연이로다

곧 그의 순수한 눈에 매혹되어
빛의 잔치에 참여하므로

나의 눈망울이 주의 눈물이 되고
그의 눈물이 되는 도다

주의 빛의 잔치에 참여할 때
나의 눈동자에 비친 눈망울아
주의 눈물이 되거라

천국의 입성

문들어 열어라
꽃들아 행진하라

영광의 울림이 천국의
낙원까지 들리는 도다

찬송하세 찬송하세
"만복의 근원 하나님"

영광의 울림이
천국의 입성에
가득하니

나를 맞아주시는 이의
품에 안겨보세

안겨보세

산제사

온전히 하나님께 영광이 되는
산제사를 이루라

너의 마음 가운데 온전히
산제사를 이루면 주가
너를 보호하시리라

그의 임재를 기다리라
임재의 어떤 기름 부음도
너를 뺏어가지 못할 것이다

은혜의 광채가 임할 때
그 풍성함이 무엇이며
그 은혜는 누가 주었느냐

그의 사랑함의 풍성함이
산제사의 밑바탕이 되리니

오직 하나님의 얼굴을 구하는
사람이 되어라.

하늘의 문을 여소서

"하늘의 문을 여소서"
온전한 믿음으로
하나님께 나아가네

"하늘의 문을 여소서"
기쁨으로 주님께
찬송하네

한 영혼이 한 마음으로
주를 품으니
주께서 흡족하시기를

'너는 나의 언약의 약속을 받들라'
하시는 구나

땅에서는 영광이로구나

보라 새 땅이 하늘에서
나아옴과 같이
주의 성전에서 예배하리

기적의 행함

수많은 사람들이 보는 가운데
기적을 행할 자가 누구인가

나사로는 죽음 가운데 있는데
소생시킬 자 없으니
오직 하나님의 은혜로만 이루어지네

예수의 능력으로 치유 받고 소생한 나사로

영혼이 회복되는 역사가
현세에도 예수의 능력으로
하나님이 군중들을 치유하시네

수많은 사람의 기도를 들으시네
기적을 행하시는 하나님이네

튤립

튤립의 속 안에 감춰진 신부
그녀의 아름다운 모발은
흩날리는 머릿결

수백의 꽃받침을 한 그녀는
흩날리는 고운 영혼

첫눈에 반했던
나의 아내여
너는 나의 작은 튤립

피어나는 튤립은
사랑을 속삭이네

죄에서 돌이키다

죄의 문을 열어 두었던 나의 삶
그의 인내 속에 그의 사랑 안에
거듭나는 생명의 비밀 주셨네

어린양을 찬양하라
그의 선하신 뜻에 회개하며
나아오는 내 모습 볼 때에

영적인 아버지의 뜨거운 손이
나를 만지사

나의 영적 상태를 일깨우네
깨닫게 하네

곧 그리스도의 사랑을 덮는
향기를 내는 사람이기를
나는 소망하네

꽃 1

나의 햇볕 창가에 깃든 작은 꽃송이
너는 실로 나의 작은 꽃이라
너의 눈물에 대한 나의 사랑이 깃들어 있고
너의 눈물로 인해 나는 기뻐한다

어떤 그 무엇보다도 나는 기뻐한다
나는 사랑을 노래하네

하늘의 계단

눈물 없이는 오를 수 없는 곳
아버지의 계단

아버지와 아들의 희생으로
지어진 하늘의 계단

눈물 없이는 올라갈 수 없는 곳
사랑 없이는 올라갈 수 없는 곳
용서 없이는 올라갈 수 없는 곳

주님이 나를 위해 속죄하신 것처럼
나도 타인을 용서하라는 아버지

어떤 억울한 누명을 쓸지라도
서로 사랑하라는 아버지

아바 아버지의 마음
하늘의 계단을 오르면
나도 주님의 사랑을 닮을 수 있을까
나도 그 한없는 사랑을 알 수 있을까

초승달

빛나는 초승달의 밤
소망의 언덕에서 내리는
아름다운 밤

내게 주신 주님의 첫사랑과 같은
그 빛과 반달 모양은
지금도 내 안에서 빛나네

꼬옥 맞잡은 두 손으로 초승달을 보며
기도하면 주님의 환한 얼굴이 떠올라
눈물을 글썽이네

이토록 아름다운 초승달일 수 있는 건
그분의 세세한 사랑에 보답하는
초승달이기 때문이겠지

아침햇살은 아름다워

스며들어오는 바람과
아침 햇살이
나를 반기네

아침의 햇살도 하나님의 형상을
닮았을까

거룩한 성에 살고자 하는 이 마음을
햇살 속에 담아 나 주님을 늘 생각해

주님을 통해 비추는 아침 햇살이
거룩한 성으로 가는 길처럼 아름다울까

주님의 얼굴이 생각나
눈물이 흐르네

성령의 일하심

성령의 일하심에 나는 감격하네

우리의 곧 안에 계신
성령이 나에게 일하면

질그릇이 하얀 도자기로 변화되듯
우리의 삶이 성령의 인도 가운데
있기 때문이라.

오직 인내와 간구로
나의 나됨을 주장하지 않음은
내가 잘나서가 아니요
하나님의 사랑 안에 내가 거하기 때문에

곧 그의 성품을 닮아가는 우리의 형상을 보노라

나를 부인한 삶
그의 길을 걸어가는 이들에게

선하신 하나님의 뜻이
우리의 영을 가다듬는 삶이 되기를
소망하네.

갈망의 깊이

갈망 속에 사무친 나의 영
주의 사랑의 그리움

나의 갈망의 깊이는
주를 사랑하고 난 후에야
깨닫는 사랑

영광의 임재를 바라며
주님의 곁에서

나의 영이 채워지는 갈망으로
주와 함께 천국에서 살리

언약

창문 너머로 보이는 아침 햇살이 밝아온다
인생의 여정은 하나님과 나의 언약 가운데 꽃을 피운다
21세기를 살아가는 작은 나에게
아버지 은혜 베푸셔서 예수님을 보내주셨다

광야 속에 헤매인 채 어두운 터널을 지나
마지막 호흡이 되어갈 때에
치유의 광채이신 하나님의 영광을 보았다

레마의 음성으로 다가와
천사를 보내어 나와의 언약을 지켜주셨다

하나님 아버지… 나를 향한 사랑에 애타하며
때로는 성령의 불로 때로는 사랑의 손길로
나의 삶을 돌보아 주셨다
아들의 십자가의 희생과 사랑을
내 마음 판에 새겨주셨다

주님의 영원한 생명은
언약의 피로 이루어진다는 것을
알게 하셨다

나의 몸에는 언약의 피가
오늘도 흐른다
거룩한 예수그리스도의 피.

오늘 하루도 수고했어

하나님, 예수님, 성령님과의 동행

초판 1쇄 2019년 12월 11일

지은이 ｜ 윤사랑

펴낸곳 ｜ 문학여행
발행인 ｜ 고민정
주　소 ｜ 서울특별시 중구 을지로 14길 20, 5층 출판그룹 한국전자도서출판
홈페이지 ｜ www.bookjour.com
이메일 ｜ contact@bookjour.com
전　화 ｜ 1600-2591
팩　스 ｜ 0507-517-0001
원고투고 ｜ edit@bookjour.com
출판등록 ｜ 제2017-000048호

ISBN　979-11-88022-26-7 (03230)